はじめに

政治なんて縁遠いものだと思っていませんか？
ですが、小中学生のあなたも消費税を払っていますから、
すでに立派な社会の一員です。
また、公立小学校・中学校の学費を払わなくていいのも、
教科書が無料なのも、
すべて社会全体で支え合う仕組みがあるからです。

世界に目を向けると、
高校生が政治の話をするのは当たり前です。
日本でも選挙権年齢が18歳になって、
ようやく世界に追いつきました。
政治は自分たちには無関係だなんて思わずに、
この本をきっかけに政治に関心を抱き、
学びを深めていってくれることを願っています。

2016年9月

ジャーナリスト　池上彰

池上彰さんと学ぶ

12歳からの政治

5

いちばん身近な社会保障の話

Gakken

池上彰さんと学ぶ
12歳からの政治 ⑤
いちばん身近な社会保障の話

もくじ

- 04 池上彰さんにインタビュー **社会保障とは？**
- 06 この本の使い方

第1章 社会保障制度

STEP1｜導入編
- 08 ハワイでもうちょうになっちゃった！

STEP2｜実践編
- 10 日本だと医療費が安いのはどうして？

STEP3｜解説編
- 12 ●社会保障制度って何？
- 13 ●社会保障の4つの柱って？
- 14 ●社会保険をもっとくわしく！

第2章 少子高齢化

STEP1｜導入編
- 16 2060年にタイムスリップ！？

STEP2｜実践編
- 18 高齢者ばかりの国になったら、どうなるの？

STEP3｜解説編
- 20 ●少子高齢化って何？
- 21 ●少子高齢化への取り組みって？
- 22 ●少子高齢化の課題って？

第3章 税金

STEP1｜導入編
- 24 消費税がどんどん上がったら？

STEP2｜実践編
- 26 どうして消費税を上げる必要があるの？

STEP3｜解説編
- 28 ●税金って何？
- 29 ●税金は何のために納めるの？
- 30 ●税率を上げるとどうなるの？

 108円
 8％
 110円
10％

第4章

非正規雇用

STEP1｜導入編

32　お兄ちゃんはフリーター

STEP2｜実践編

34　働き方っていろいろ。
　　どんな働き方があるの？

STEP3｜解説編

36　● 働くってどんなこと？
37　● いろいろな働き方

第5章

消費者の権利

STEP1｜導入編

40　オンラインゲームの
　　落とし穴

STEP2｜実践編

42　オンラインゲームではどんなことに
　　気をつければいいの？

STEP3｜解説編

44　● わたしたちの消費のしくみって？
45　● 安全な消費生活を送るには？

38　**コラム** これから注目の新しい職業

46　さくいん
47　教科書対応表

池上先生にインタビュー

社会保障とは？

よくニュースで聞く社会保障って？ わたしたちの生活と関わりがあるの？
池上先生にお話を聞いてみましょう。

 日本の社会保障制度の問題点は何ですか？

[少子高齢化によって
お金が足りなくなる危険性が
問題になっています]

　日本の社会保障制度には、4つの大きな柱があります。その中でも、ニュースによく登場する「社会保険」の話をしましょう。
　「社会保険」は、決められた保険料を納めて、必要なときにお金やサービスを受け取るものです。ニュースでよく取り上げられている年金保険も、この「社会保険」のひとつです。
　年金保険は、老後の生活を支えるためのものです。今、働いている世代が納めた年金保険料や税金が、高齢者が受け取る年金に使われます。
　これがどうして、問題になっているのでしょうか？　実は、昔は年金保険料を納める人（働いている世代）が多かったので、これまでのしくみでも問題はありませんでした。ところが、最近は少子高齢化が進み、年金を受け取る人が増えてきました。そのため、支払われるお金が足りなくなるのではないか、と心配されているんですね。

 わたしたちは将来年金をもらえますか？

[年金はもらえますが
若い世代への社会保障には
課題があります]

　年金保険は国が国民に約束している制度なので、日本という国がある限り、年金がもらえなくなることはあり得ません。
　ただし、年金をもらえる年齢が引き上げられて、高齢になってもなかなか受け取れないことが問題なのですね。とはいえ、昔に比べると平均寿命は延びていますから、受け取り開始が65歳でも、85歳まで生きた場合、20年間は年金がもらえます。受け取る期間が後ろにずれるだけ、ともいえますね。
　一方、若い世代への社会保障というと、まだまだ行き届いていない面があります。子育て世代、とくにひとり親世帯への支援が少なく、子どもの貧困といった問題も起こっています。最近は、ニュースでもようやく取り上げられるようになってきましたが、これからは若者や現役世代の問題もしっかり考えていく必要があります。

社会保障制度はどんなときに役立ちますか？

[たとえば病気になったとき、気軽に病院に行くことができます]

身近なところでいうと、やはり「社会保険」のひとつである「医療保険制度」があります。日本は国民全員が健康保険に加入し、保険料を納める義務があります（国民皆保険制度）。みなさんの場合は、お父さんやお母さんが加入しています。

健康保険のおかげで、病気やけがをして病院などの医療機関を受診するとき、保険証を見せると実際の医療費の３割か２割という安い金額で、医療サービスを受けられます。初めて行った病院で保険証を忘れると、全額請求される場合があります。その高さにはびっくりすると思いますよ。

一方、アメリカでは日本のような保険制度は十分ではなく、医療保険に入るかどうかは自由です。保険に入っていない人が病院に行くとすごい金額を請求されてしまいます。

日本では、医療保険制度があるおかげで、だれもが気軽に病院に行けるし、必要な治療を受けることができるんですよ。

未来のために、社会保障とどう向き合ったらいいですか？

[みんなが安心して生きていけるように支えあう気持ちが大切です]

先ほど年金保険の話をしました。若い人たちの中には「年金保険料を納めても、自分が高齢になったときには少ししかもらえないかもしれない。だから保険料を納めたくない」と感じている人が少なくないようです。でも、この考えには大きな勘違いがあります。

今納められた年金保険料は、今の高齢者の年金に使うためのものです。そして、今の高齢者は、若いときにその当時の高齢者を支えてきたんです。だからこそ、自分が歳をとった今、年金を受け取ることができるのですね。自分のことばかり考えるのではなく、世代間で支え合う意識が大切なのです。

あなたは今、日本社会のしくみの中で学校に行き、将来に向けて準備をしています。ところが、世界中には貧困などが原因で子どもが学校に行けない国もあります。そのために読み書きができず、働くこともできず、生きることさえ困難になります。

日本でみなさんが安心して暮らせるのは、さまざまな社会保障制度があるからこそ。この社会を維持していくために、社会保障制度を守っていく必要があるのです。

この本を読んでくれるあなたへ一言

社会保障制度とは、弱い立場におかれた人たちを、社会全体で守っていくためのしくみです。あなたは当たり前だと思っているかもしれませんが、生活に困ったときに国から支援を受けることができる日本は、社会保障制度が整っている、とても恵まれた国なんですよ。

これからも安心して暮らしていけるように、社会保障制度についてきちんと学んで、この制度を守っていきましょう。

この本の使い方

一緒に学んでいきましょう！

この本では、政治に関するテーマを身近な例で勉強できます。
①導入編→②実践編→③解説編の3ステップで、楽しく政治を学びましょう！

STEP 1 マンガで興味を持つ

各章の始めは導入のマンガページ。日常に起こりそうなストーリーで、興味がわきます。

自分にも起こりうる例だから、身近に感じる！

登場人物の疑問で、問題意識が生まれる！

STEP 2 実践編で考える

さまざまな人の視点で、マンガの中の争点を振り返るページ。自然と自分の意見が持てるようになります。

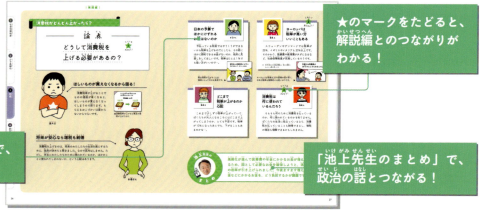

★のマークをたどると、解説編とのつながりがわかる！

教室での議論のようで、考えが深まる！

「池上先生のまとめ」で、政治の話とつながる！

STEP 3 解説編で知る・わかる

各章のテーマを解説し、学びを深めるページ。マンガであつかった内容なので、スラスラ頭に入ってきます。

教科書にそった解説で、しっかり学べる！

図解や写真が豊富だから、読みやすい！

さあ始めよう！

〈第1章〉社会保障制度

この章のポイント
わたしたちの暮らしは、
どんなところで社会保障制度に
支えられているのか
知っておきましょう

ハワイでもうちょうになっちゃった！

家族での楽しい海外旅行中、妹がもうちょうに！
病院で請求された医療費の高さに、おどろいてしまいます。

1 社会保障制度
2 少子高齢化
3 税金
4 非正規雇用
5 消費者の権利

|導入編|

| 実践編 |

ハワイでもうちょうになっちゃった

論　点

日本だと医療費が安いのはどうして？

主人公

救急車を呼ぶのにもお金がかかった

日本ではお金を払わなくても救急車を呼べるのに、ハワイではお金を払わなくてはならなかったのでおどろきました。わたしたちが外国からの旅行者だったから、お金がかかったのでしょうか。

▲ハワイで救急車を呼ぶと、日本とちがってお金がかかります。

日本でも保険証を忘れるとたいへん！

日本でも、病院で診療してもらうときに保険証を忘れてしまうと、医療費を全額支払わないといけないことがあると聞いていました。だから、病院に行くときや救急車を呼ぶときには、保険証を必ず持って行くようにしていました。ですが、海外だとこんなに高い医療費を求められるとは…。

お母さん

サイドバー：
1. 社会保障制度
2. 少子高齢化
3. 税金
4. 非正規雇用
5. 消費者の権利

日本では合計額と支払う額がちがっていた

妹

日本でかぜをひいたときにもらった領収書を見てみたら、合計額が3150円なのに、実際に支払った金額（負担額）は945円でした。このことと、ハワイで請求されたとても高い医療費には関係があるのかな。

くわしく見てみよう！ 1

▲領収書の例。患者負担率が30％とあります。

デンマークでは医療費がかからない

生徒A

くわしく見てみよう！ 2

日本よりもさらに医療費がかからない国があります。それはデンマークです。デンマークは、ふだんから高い税金を払っている分、国民であればどんなに高い医療費でもたいてい無料なんです。

海外旅行保険に入っていればよかった

お父さん

海外旅行保険などに入っていれば、旅行先で病気になっても、医療費を全額払う必要がありません。いざというときのために、入っていればよかった…。

えー！250万円!?
日本では10万円なのに！

▶海外旅行保険に入っていなかったので、高額な医療費がかかってしまいました。

池上先生のまとめ

日本では、国が医療費の一部を保険金で負担してくれる「医療保険」のしくみが整えられています。医療保険は、わたしたちが困ったときに助けてくれる「社会保障制度」の一つです。

| 解説編 |

社会保障制度って何？

社会保障制度は人々が生活するうえで、どんな役割を果たしているのでしょうか。

社会保障制度はいつからあるの？

社会保障制度は、19世紀のヨーロッパで、働く人々の生活環境を国が守るために生まれたといわれています。日本では、第二次世界大戦後の1961年に、全国民を対象とした社会保障制度が始まりました。

社会保障制度って何のため？

病気や高齢、失業などによって、自分の力で生活することが難しい人々を社会全体で支えていく必要があります。

万が一のときに国が国民の生活を保障するしくみである社会保障制度があることが、だれもが安心して暮らせる社会につながります。

日本の社会保障制度は、「生存権」について定めた憲法第25条にもとづいています。

日本国憲法第25条

①すべて国民は、健康で文化的な最低限度の生活を営む権利を有する。
②国は、すべての生活部面について、社会福祉、社会保障及び公衆衛生の向上及び増進に努めなければならない。

MEMO　ゆりかごから墓場まで

社会保障制度が充実していることを意味する言葉。生まれたときから歳をとって亡くなるまで、けがや病気などで生活が困難になっても、国が最低限の生活を保障すること。

社会保障制度は国によってさまざま

社会保障制度の内容は国によって異なります。スウェーデンなど北ヨーロッパの国々は、医療、年金、福祉まで、国が保障してくれます。一方で、アメリカでは国による保障は少ない分、国民の負担も軽いのが特徴です。

また、世界には社会保障制度そのものが整っていない国もあります。

▲予防接種を受けに来た高齢者。（読売新聞／アフロ）

くわしく　社会保障法：保障が必要な人に対して、国や地方公共団体が行う給付について定めた法律の総称。

社会保障の4つの柱って？

日本の社会保障制度は、社会保険、公的扶助、社会福祉、公衆衛生から成り立ちます。

■ 社会保険 →14ページ

国民が毎月保険料を支払い、**病気やけが、高齢になったときなどにお金（給付金）がもらえる**しくみです。
医療保険、年金保険、雇用保険、介護保険、労災保険（労働者災害補償保険）などがあります。

■ 公的扶助

さまざまな事情により生活していくのが難しい人に対し、**生活保護法にもとづいて最低限度の生活**→12ページ**を保障する**しくみです。
生活費や住まいにかかる費用、教育費、医療費などを支援します。

■ 公衆衛生

国民の健康を守っていくための取り組みです。感染症を予防するために行う予防接種もその一つです。
ほかにも、廃棄物の処理、上・下水道の整備など、衛生的で安全に暮らせる環境をつくる活動を行います。

■ 社会福祉

障害者、高齢者、子ども、一人親の家庭など、**社会生活において弱い立場にある人や働くことが困難な人を助ける**しくみです。
子どもを守るための施設（児童福祉施設）や高齢者のための住宅をつくるなど、さまざまな取り組みが行われています。

社会保障にかかる費用
※2016年度 予算案

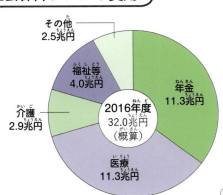

- その他 2.5兆円
- 福祉等 4.0兆円
- 介護 2.9兆円
- 年金 11.3兆円
- 医療 11.3兆円
- 2016年度 32.0兆円（概算）

（2016/17年版「日本国勢図会」）

高齢者に支払われる年金や医療費が大きな割合を占めています。

くわしく▶ 生活保護法：憲法第25条にもとづく、生活の苦しい人を助けるための法律。長引く不況で、生活保護を受ける人は増えている。

| 解説編 |

社会保険をもっとくわしく！

何かあったときに生活を助けてくれる社会保険には、5つの種類があります。

◻ 医療保険

国民が保険料を積み立て、病気やけがで病院などに行ったときに、治療費の一部を支払うだけで診察や治療をしてもらえます。

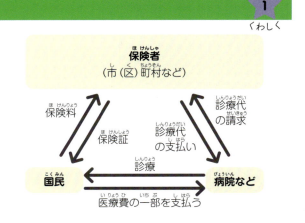

◻ 年金保険

老後の生活を保障します。いま働いている世代が支払う年金保険料が、いまの高齢者の年金として支払われる、世代間で支え合うしくみ。

◻ 介護保険

2000年4月に始まった制度。40歳以上の人が保険料を払い、高齢などにより介護が必要になったとき、介護サービスが受けられます。

◻ 雇用保険

失業保険ともいわれます。仕事を失ったとき、次の仕事がみつかるまでの一定期間、保険金を受け取ることができます。

◻ 労災保険

仕事が原因で病気になったり、仕事中にけがをしたり死亡したりした場合に、保険金が支払われます。

> **くわしく** 介護サービス：食事や入浴、運動など、高齢者の生活の手助けを行う。

〈第2章〉少子高齢化

この章のポイント
少子高齢化をはじめ、日本の社会保障制度がかかえている問題について考えていきましょう

| 実践編 |

2060年にタイムスリップ!?

論点
高齢者ばかりの国になったら、どうなるの？

主人公

高齢者ばかりだと問題があるの？
ヒントを ① さがそう！

ぼくの友だちは子どもばかりなので、高齢者がたくさんいる状態が想像できません。子どもがこんなにいるのに、高齢者はもっと多くなるのでしょうか。それがどうして問題なのかもわかりません。

学校には子どもたちがたくさんいます。本当に超高齢社会になるの…？ ▶

若い人が減ると、働く人が減ってしまう

これからの日本を支えていくのは働き手の中心となる若い人たち。働けなくなった高齢者の分まで、若い人たちがお金をかせぎ、税金を納めて、社会を支えていかなければならないのです。

これからの日本を支えていくのは、若い人たちです。 ▶

お父さん

高齢者も暮らしやすい街にしたほうがいい？

生徒A

高齢者にとっては、階段が多い今の街では暮らしにくいと思います。バリアフリーやユニバーサルデザインの施設を増やすなどして、高齢者が暮らしやすい社会をつくらないといけないのではないでしょうか。

どんどん子どもを産みづらくならないか心配…

お母さん

子どもが少ないからといって、子育てするための環境づくりを後回しにしてしまうと、ますます子どもが産みにくくなり、子どもが減ってしまいます。子育てを支援する社会づくりも大切です。

教育や子育てをする環境が整っていないと、子どもを産む人も減ってしまうかもしれません。▶

高齢者を介護する人が不足してしまう

おばあさん

高齢者は、生活するなかで、若い人たちの手助けが必要になることがあります。高齢者が増えれば、わたしたちを助けてくれる人たちも、より必要になるので、若い人が減ってしまうのは深こくな問題です。

高齢になっても働き続ければいい

おじいさん

日本の定年は65歳ですが、65歳以上でも元気な人はたくさんいます。働きたい人や、健康な人は、ずっと仕事を続ければいいと思います。そうすればお金もかせげるし、若い人の負担も減ると思います。

池上先生のまとめ

子どもが減ってお年寄りの割合が増える「少子高齢化」は、日本の課題です。高齢者の生活を手助けする施設をつくったり、子どもを産みやすいように子育てをしながら働く人を支える制度をつくったりすることが大切です。

| 解説編 |

少子高齢化って何？

生まれてくる子どもが少なく、高齢者の割合が高い社会を少子高齢社会といいます。

高齢者が増え若者が減ってきた

日本は、子どもや働く世代の割合が減り、65歳以上の高齢者の割合が高くなっています。**子どもが減っている理由**に、一人の女性が一生のうちに出産する子どもの数が減っていることがあげられます。
高齢者が増えている理由としては、食生活がよくなったことや医療の技術が上がったことなどで、平均寿命が伸びていることがあげられます。

現在の日本の人口は、65歳以上の人が全体の4分の1以上をしめています。

少子高齢社会は何が問題なの？

ヒント1

高齢社会になり、年金を受け取る人の数が増えています。しかし、年金のもととなる保険料を納めている働く世代が減っているため、**支える人と支えられる人のバランスが悪くなっています。**
右のイラストのように、1970年代は、高齢者一人を約9.7人で支えていましたが、2010年は2.4人、2030年には、約1.8人になると予測されています。

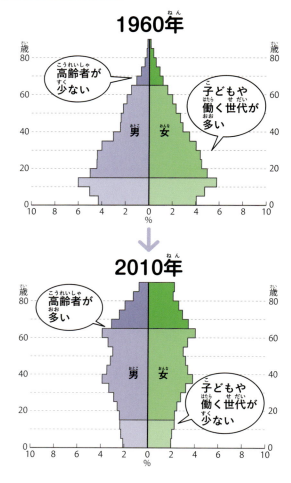

人口構成の変化

1960年 — 高齢者が少ない／子どもや働く世代が多い

2010年 — 高齢者が多い／子どもや働く世代が少ない

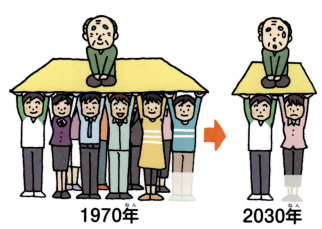

1970年 → 2030年

サイドタブ：
1. 社会保障制度
2. 少子高齢化
3. 税金
4. 非正規雇用
5. 消費者の権利

くわしく 日本人の平均寿命：男性は80.79歳、女性は87.05歳。日本は世界有数の長寿国。（2016年7月27日、厚生労働省の発表より）

少子高齢化への取り組みって？

社会保障制度を守っていくために、新たな法律や制度が生まれています。

時代に合わせて変わる社会保障のしくみ

少子高齢化が進み、夫婦どちらも働く共働き世帯や、高齢者だけの世帯が増えています。そのため、==家族だけで子育てや介護をすることが難しくなっています。==

こうした問題を解決するには、社会の支えが必要です。そのため、新しいしくみや法令がつくられました。

▲ストレッチ体操に取り組む介護予防教室の参加者たち。

介護保険制度

社会全体で介護を支えるしくみです。40歳以上の国民全員が保険料を支払い、介護が必要になったときは、1～2割の負担で介護サービスを受けられます。

後期高齢者医療制度

75歳になったらだれもが入る保険制度。75歳以上の人が保険料を納め、少ない負担で病院などにかかることができるしくみ。安定した医療保険制度を目指して導入されました。

育児・介護休業法

子育てや家族の介護のために、会社を休むことを保障する法律です。働いている人であれば、男性、女性に関係なく休業できます。

増え続ける社会保障費

社会保障にかかる費用（社会保障費）は、年々増え続けています。使い道を見てみると、==高齢者を支えるための医療費や、年金の給付金の割合が大きく増えている==ことがわかります。少子高齢化で働く世代の人数が減っているなか、社会保障制度をどうやって守っていくか、大きな課題です。

社会保障費の変化

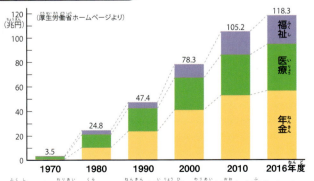

▲福祉などの割合と比べて、年金や医療費の割合が大きく増えている。

くわしく ▶ 後期高齢者：75歳以上の高齢者のこと。65歳以上74歳までは前期高齢者という。

| 解説編 |

少子高齢化の課題って？

働く世代が減っている今、どのような取り組みが必要なのでしょうか？

これから求められる社会保障制度の充実 ヒント2

少子化が進んでいる理由には、**仕事と育児の両立が難しい**という現状もあります。子育てをしている人が働きやすいように、保育所を増やすことなどが必要です。

高齢化への対策としては、高齢者が安心して生活できるように、身体的にも精神的にも障壁となるものをなくした***バリアフリー社会の実現**などが望まれます。

▲身体が不自由な人や高齢者のために、設置されたエレベーター。JR平塚駅西口。

障がいのある人や、高齢者などが安心して生活できる社会をつくる取り組みを「ノーマライゼーション」といいます。

MEMO　待機児童問題
共働きの世帯を中心に、保育所の利用希望者が増えています。しかし、保育所の数が少ないため、保育所に入れないことも。順番待ちをしている子どもは「待機児童」といわれています。

少子高齢化に関するQ&A

高齢社会と超高齢社会のちがいって？

A 総人口にしめる高齢者の割合にちがいがあります。

世界共通で、65歳以上の割合が7％を超えると「高齢化社会」、14％を超えると「高齢社会」、21％を超えると「超高齢社会」といいます。日本は2007年に21.5％となり、超高齢社会に突入しました。現在も上昇が続いています。

少子高齢化が進んでいる国は世界中で日本だけなの？

A 日本以外の国でも少子高齢化が進んでいます。

世界的に平均寿命が伸び、高齢者の数が増えています。世界全体の人口も増えています。一方、多くの先進国では日本と同様に出生率が低下していて、子どもの数が減っています。少子高齢化は日本だけの問題ではないのです。

▶ **施設のバリアフリー**：段差の少ないバスの乗降口、スロープのある建てものの入口、車いすでも使いやすいトイレなど。

〈第3章〉税金

月 日

この章のポイント
どうして税金を払うのか、
払った税金は
何に使われているのか、
学びましょう

たとえば4万円のゲーム機だったら

消費税8％なら 約4万3200円 → 消費税10％なら 約4万4000円

たとえば4000万円の家だったら

消費税8％なら 約4320万円 → 消費税10％なら 約4400万円 → 消費税25％なら 約5000万円

＋80万円　＋600万円

25％になったら1000万円も消費税がつくの!?

外国では消費税が25％のところもあるんだよ

え〜〜！

どうして消費税を上げる必要があるの？

考えてみよう！

| 実践編 |

消費税がどんどん上がったら？

論点
どうして消費税を上げる必要があるの？

ヒントを
さがそう！

主人公

ほしいものが買えなくなるから困る！

消費税率が上がることでものの値段が高くなると、ほしいものが買えなくなってしまうので困ります。もらえるおこづかいは変わらないからつらいです。

たとえば今108円のものが110円になっちゃうの

本体価格100円

108円 → 110円
8％　　10％

▲消費税率が上がると商品の値段が上がります。

将来が安心なら増税も納得

消費税を上げるのは、将来のわたしたちの生活を楽にするために、政府が決めたと聞きました。なので反対はしません。ただし、本当にわたしたちのために使われているのか、ほかのことに使われてしまわないか、という心配はあります。

お母さん

日本の予算でほかにけずれるお金はないのか

お父さん

今払っている税金ではやりくりができないから税率を上げるのだとしたら、その前にほかに節約できるお金がないのか、政府に見直しをしてほしいです。税率はたとえ1％でも低い方がいいので…。

物の値段が上がることは、国民にとって大きな負担です。▶

ヨーロッパは税率が高い分いいこともある

生徒A

くわしく見てみよう！ 2

スウェーデンやデンマークでは税率が25％、イギリスやイタリアも20％以上です。そのかわり、医療費や教育費がタダになるなど、社会保障制度が充実しているそうです。

※ 食料品などの生活必需品は、低めの税率になっている国も多いです。

ヨーロッパは税率が20％前後の国が多く、日本の税率は国際的には低いほうです。▶

どこまで税率が上がるのか心配

生徒B

これまで少しずつ税率が上がっていて、ぼくたちが大人になるころにはどこまで上がってしまうのか、とても不安です。税率が10％になったあとでも、下がることもあるのかな…。

消費税は何に使われているんだろう

ヒントをさがそう！ 3

生徒C

そもそも何のために消費税を払っているのか、何に使われているのかを知りません。ぼくたちの生活に役立っているなら、消費税を払っていることも納得できるし、増税の理由も理解できるかもしれません。

池上先生のまとめ

高齢化が進んで医療費や年金にかかるお金が増えているため、国として必要なお金を確保しようと、消費税の税率が引き上げられました。今後ますます増える年金などにかかるお金を、どう負担するかが課題です。

| 解説編 |

税金って何？

国や地方公共団体は、企業や人々が払った税金を使ってさまざまな仕事を行います。

消費税は買ったものにかかる税

身近な税の一つに消費税があります。消費税は、ものやサービスにかけられる税で、すべての人が同じ税率で負担しています。2016年現在の税率は8％です。

税金にはどんな種類があるの？

税金は、納める方法によって、直接税と間接税に分けられます。直接税は、税金を納める人と払う人が同じで、間接税は、税を納める人と払う人が異なります。わたしたちが払った消費税は、お店や企業などの事業者がとりまとめて、税務署に納めているので、間接税です。

また、国に納める税は国税、地方公共団体に納める税は地方税といいます。

消費税は年齢や収入などに関係なく、全員が同じだけ払う税です。

税の種類

		直接税	間接税
国税		・所得税 働いて得るお給料など、個人の収入にかかる税 ・法人税 会社などの収入にかかる税 ・相続税　　　　　など	・消費税 商品の価格に一定の割合でかかる税 ・関税 ・揮発油税 ・酒税 ・たばこ税　　など
地方税	都道府県	・道府県民税 （都民税） ・自動車税 ・事業税	・地方消費税 ・ゴルフ場利用税 ・道府県たばこ税 （都たばこ税）
	市町村	・市町村民税 ・軽自動車税 ・固定資産税	・市町村たばこ税 ・入湯税

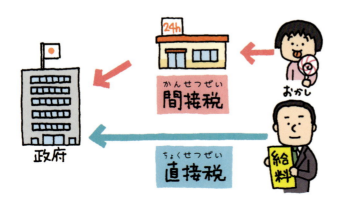

くわしく　消費税：日本では1989年に導入。税率3％から始まり、1997年に5％、2014年に8％となった。

税金は何のために納めるの？

税金を払うのはどんな人でしょう。納め方にちがいがあるのでしょうか？

税金は何に使われているの？

ヒント3

　国や地方公共団体は、**道路やダムの建設といった公共事業**を行ったり、**警察・消防・国防・教育など、企業や個人ではできない仕事**や、**医療・年金などの社会保障制度に関する仕事**をしています。税金は、こうした活動に使われています。

収入が多い人は税率が高くなる!?

　税金は、国民が公平に負担するべきです。そこで、**所得税や相続税は、所得**（収入→30ページ）**の多い人ほど税金を多く払う**しくみになっています。これを累進課税制度といいます。所得の低い人の負担を減らし、その分所得の多い人が多く負担するしくみです。

税金が使われているところ

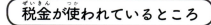

道路

学校

医療費

救急車

警察・消防

所得による税率のちがい

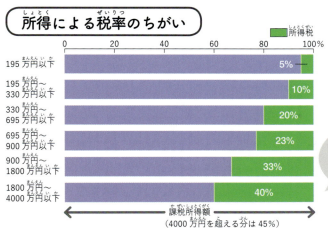

課税の対象となる金額が高いほど、税率が高くなっている。

税の内訳

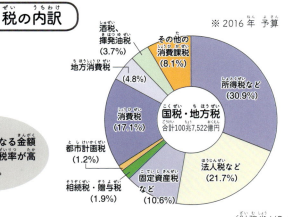

※2016年 予算

（財務省HPより）

くわしく▶ 逆進制：累進課税の逆で、所得が低い人ほど税の負担が大きくなること。消費税など。

| 解説編 |

税率を上げるとどうなるの？

消費税の税率は、今後さらに引き上げられる予定です。その理由を学びましょう。

なぜ税率を上げる必要があるの？

高齢化によって、年金や医療費など、社会保障にかかる費用の割合が増えています。しかし、働く世代が減り、これまで社会保障のための費用の中心となっていた所得税からの税収が減っています。このままでは今の社会保障制度が保てないので、消費税率を上げて、国の収入を増やす必要があるのです。

消費税率を上げることによる問題

消費税は、収入の多い少ないや年齢に関わらず、だれもが同じ税率を負担します。また、高級品だけでなく、毎日の暮らしに欠かせない食料品や日用品にも税金がかかります。そのため、消費税を上げると、収入が少ない人ほど税の負担が重くなり、日々の生活に影響します。

大きな政府と小さな政府

国がどのくらい社会保障制度を充実させるか、大きく2つの方向性があります。

MEMO 海外の消費税率

消費税と同じようなしくみを、ヨーロッパ諸国では「付加価値税」として導入しています。各国の税率を比較してみましょう。※2016年1月現在

- フランス 20%　・イギリス 20%　・ドイツ 19%
- 韓国 10%　・日本 8%　・台湾 5%

大きな政府 政府による社会保障が手厚い分、税金など国民の負担も大きくなります。（デンマークなど）

小さな政府 政府による社会保障が少ない分、国民の税負担は軽くなります。

消費税に関するQ&A

Q なぜ税のなかでも消費税を上げるの？

A 国が安定した収入を確保できるからです。

個人にかかる所得税や、企業にかかる法人税は、毎年納められる金額が変わります。さらに、所得税は働く世代の人口が減ると、税収も減ります。一方、消費税は、みんなが必ず払うので、安定した税収が見込めるのです。

くわしく　所得：会社などから支払われるお給料から、国などへ納める税金などを引いた残り。これにかかる税が所得税。

〈第4章〉非正規雇用

月 日

この章のポイント
時代に合わせて、
働き方も変わってきました。
さまざまな働き方を知り、
将来どんなふうに働きたいかを
考えてみましょう

| 実践編 |

お兄ちゃんはフリーター

論点

働き方っていろいろ。
どんな働き方があるの？

毎月決まったお給料で安心 ★1 くわしく見てみよう！

正社員は毎月の給料が決まっていて、月々の働く日数や時間数も大きく変わることはありません。また雇用保険に加入しているので、会社をやめても一定期間は生活が保障されます。

正社員のお父さん

正社員募集
- 【仕事内容】 企業広報の事務スタッフ
- 【給与】 月給18万円～（試用期間3カ月間）
- 【時間】 9時～18時　※残業あり
- 【資格】 パソコン操作（メール送信、データ管理など）IllustlatorやPhotoshopでの画像編集作業
- 【休日】 週休二日制、夏季・年末年始・有給
- 【待遇】 賞与年2回、社会保険完備、交通費全額支給
- 【応募】 履歴書と職務経歴書を郵送してください。書類選考の上、面接日をご連絡いたします。

株式会社○×企画　03-××××-××××

▲正社員の募集広告の例

好きな時間に働けるので便利 ★2 くわしく見てみよう！

フリーターだと、自分の都合に合わせて、好きなときに好きな時間だけ働けます。子育て中の女性や学生、ぼくのように夢を追いながらお金をかせぎたい人にとっては、とても働きやすいです。

ホール・キッチンスタッフ募集
- 時間　17時～24時（1週間ごとのシフト制）
  ※1日4時間以上、週2日～OK
  ※土日勤務できる方大歓迎！
- 休日　シフト制
- 年齢　18歳～45歳くらいまで
- 待遇　★学生、フリーター、既婚者歓迎！
  交通費支給、制服貸与、食事補助あり
- 給与　時給900円～
- 応募　電話後、履歴書をご持参ください。

和食レストラン○○○○　03-××××-××××

▲アルバイトの募集広告の例

アルバイトのお兄ちゃん

1 社会保障制度
2 少子高齢化
3 税金
4 非正規雇用
5 消費者の権利

忙しいときに労働者を募集します

正社員は給料が高いので少人数にして、忙しくなった時期だけ、契約社員や派遣社員を募集しています。会社としては、労働者に払うお金を少しでもおさえるために、このような選択をしているのです。

収入が安定しないのでいつも不安

契約社員は、一定の期間ごとに会社との契約を結び直して働きます。契約を結び直してもらえないと、突然仕事がなくなってしまうこともあるので不安です。給料も上がらないので、将来が心配…。

好きだった趣味を仕事にしました

会社に行かずに、自宅で自分の好きなことや才能をいかした仕事でお金をかせいでいます。収入は安定しませんが、時間にもしばられず、会社の人間関係などにも悩まないので自由で楽しいです。

配属先や仕事を選べない不満もある

大きな会社ほど、やりたい仕事をできるとは限らないので、不満がある人もいます。また、転勤がある会社では引っ越しをしなければならないこともあり、住まいが安定しないという悩みがあります。

池上先生のまとめ

多くの人は会社などに雇われて働いていますが、そのうち三人に一人以上はアルバイトやパートタイマーなどの「非正規雇用者」です。何のために働くのか、どんな働き方が自分に合っているのか、考えてみましょう。

| 解説編 |

働くってどんなこと？

労働者は働くことで収入を得ますが、それだけが働くことの目的ではないのです。

働くことは社会参加

仕事があるのは、その仕事が社会にとって必要だからです。つまり、働くことは社会にとって必要なことを役割分担することで、それによってわたしたちは社会に参加しているのです。また仕事を通じて夢をかなえたり、自分の才能をいかしたりすることで、生きがいや充実感を得ることができます。

労働者の権利とそれを守る法律

江戸時代まで、日本にはきびしい身分制度があり、自由に職業を選ぶことはできませんでした。しかし現在の日本国憲法には、職業を選ぶ自由が保障されています。

また、労働者は企業を経営する側と比べると弱い立場にあるため、労働者同士が団結して使用者に要求することが、法律で認められています。

働く目的
※2014年の内閣府世論調査より

51.0%
お金を得るため

21.3%
生きがいを見つけるため

14.7%
社会の一員として務めを果たすため

8.8%
自分の才能や能力を発揮するため

日本国憲法第22条、第27条

何人も、公共の福祉に反しない限り、居住、移転及び職業選択の自由を有する（22条）。
すべて国民は、勤労の権利を有し、義務を負う（27条）。

労働三法

労働基準法
労働時間や賃金など、労働条件の最低基準を定め、労働者の健康的な生活を保障する。

労働組合法
労働組合を結成することを保障する。

労働関係調整法
労働者と雇い主の対立を予防したり、解決をすすめたりする。

企業は安いお給料でたくさん働いてほしいかもしれませんが、それでは困りますよね。

くわしく ▶ 15歳未満の労働：労働基準法で禁止されている。15歳以上でも、労働時間は1日8時間以内・週40時間以内などの決まりがある。

左側の見出し：1 社会保障制度／2 少子高齢化／3 税金／4 非正規雇用／5 消費者の権利

いろいろな働き方

かつては決められた年齢まで一つの企業で働く終身雇用が主流でしたが、変わってきています。

多様化する働き方

不景気や海外の企業との競争の激化などで、労働者に払うお金（人件費）を減らそうとする企業が多くなりました。そのため、人件費のかかる正社員が減り、人件費の安い派遣社員や契約社員が増え、一つの企業でもいろいろな雇われ方の人がいます。また、給料はかつて働いている年数が長いほど上がりましたが、最近は、個人の能力や仕事の成果で決める企業も増えています。

非正規社員のいいところと悪いところは？

非正規社員は正社員に比べて賃金が低く、不景気になると雇用をうち切られることがあります。そうなると、安定した生活が難しくなります。一方、正社員は、生活は安定しますが、仕事量や責任が大きくなりがちで、長時間の労働も問題になっています。

雇用形態の種類

1 くわしく
正社員
定年まで働き続けられる社員。

2 くわしく
パート、アルバイト
給与が低く、ボーナス、退職金がないのがふつう。

派遣社員
派遣会社と契約を結び、派遣された企業で働く社員。

3 くわしく
契約社員
決められた契約期間だけ働く社員。実際に働く企業と直接契約を結ぶ。

非正規社員のメリット

家事や勉強と両立できる

労働時間を選べる

非正規社員のデメリット

給料が少ない

貯金ができず生活が安定しない

正社員と非正規社員の年齢別平均月収

※厚生労働省「平成24年賃金構造基本統計調査」より

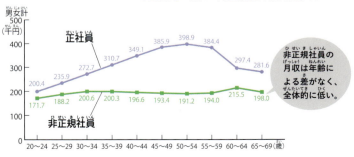

正社員: 200.4, 235.9, 272.7, 310.7, 349.1, 385.9, 398.9, 384.4, 297.4, 281.6
非正規社員: 171.7, 188.2, 200.6, 200.3, 196.6, 193.4, 191.2, 194.0, 215.5, 198.0
(20〜24, 25〜29, 30〜34, 35〜39, 40〜44, 45〜49, 50〜54, 55〜59, 60〜64, 65〜69歳)

非正規社員の月収は年齢による差がなく、全体的に低い。

くわしく ▶ 外国人労働者：グローバル化が進むにつれ、看護や介護の分野を中心に受け入れが進んでいる。

海外　くらべてみよう

海外レポート
これから注目の 新しい職業

新しい技術や時代の変化によって、新しい職業が次々と生み出されています。

ドローンパイロット

人の行けないところもすいすい操縦

無人航空機（ドローン）の操縦士です。ドローンに小さなデジタルカメラをつけて、上空から撮影をする仕事などがあります。

Youtuber（ユーチューバー）

Youtubeに動画をアップ！

無料動画サイトYoutubeに、動画を公開。動画と一緒に広告を流すことで、再生されると広告を出した人からお金がもらえます。

オンライン家庭教師

どこにいても授業ができる

インターネットを使って、離れた場所にいる生徒に勉強を教えます。カメラを使うので、お互いの顔を見ながら授業ができます。

インスタグラマー

プロゲーマー

ゲームのプロ選手

世界中で開かれるゲームの大会で戦う、コンピュータゲームのプレーヤーです。スポーツ選手と同じように、企業が活動を支援します。

データサイエンティスト

データから謎を解き明かす

たくさんのデータを整理・分析して、そこから必要な情報を導き出します。ひらめきが必要なので、ロボットにはできない仕事です。

人工知能クリエイター

人間を超えるAI（エーアイ）をつくる

人工知能（AI、コンピュータを使って人間の知能を再現する技術）をつくる職業です。小説を書く人工知能も登場しました。

〈第5章〉消費者の権利

この章のポイント

わたしたちは消費者として、どんな責任や権利を持っているのでしょう

| 実践編 |

オンラインゲームの落とし穴

論点
オンラインゲームではどんなことに気をつければいいの？

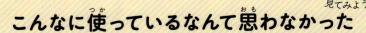
くわしく見てみよう！ 1

こんなに使っているなんて思わなかった

一度カード番号を登録したら、その後は購入ボタンを押すだけでアイテムを買うことができたので、15万円も使っていたなんて思ってもいませんでした。

▲カードを使ってほしいアイテムを購入しますが、あとで実際にお金を払うことになるとは思っていませんでした。

主人公

カードは現金を使っている感覚を忘れがち

カードを使って払っていると、現金がなくても、ほしいものが手に入るので、お金を払っている感覚を忘れてしまうことがあります。何にどれくらい使ったのか、毎月明細書（買ったものの一覧）を見て、確認するようにしています。

◀きちんと明細書の確認をすることは、大切なことです。

お母さん

左側タブ：
1 社会保障制度
2 少子高齢化
3 税金
4 非正規雇用
5 消費者の権利

無料と書いてあったのに請求がきた

生徒A

ぼくはインターネットのサイトで、だまされたことがあります。おもしろそうなサイトがあり、無料と書いてあったのでアクセスしたら、後から請求がきてしまいました。それからは注意するようにしています。

インターネット上で知り合った人を信じないほうがいい？

生徒B

オンラインゲームで知り合った人から、「特別なアイテムだよ」と言われて買ってしまいました。高額だったので後日取り消そうとしましたが、連絡先がわからなくなってしまい、取り消せませんでした。

パスワードを入れただけだと思っていた

生徒C

ショッピングサイトでパスワードを聞かれたので、お母さんの誕生日を入れてみたらゲームを手に入れることができました。まさか本当にお金を払うことになるとは、思ってもいませんでした。

他人のカードを勝手に使うのは犯罪です

お父さん

クレジットカードを使うときの決まりとして、他人のカードを勝手に使ってはいけないということを覚えておきましょう。カードにはお金を払う役割のほかに、個人情報なども含まれているので、とても危険です。

いくら家族でも、カードを勝手に使ってはいけません。▶

池上先生のまとめ

消費に関しては、子ども（未成年）がしてしまったことでも取り消せない場合があります。また違法な売り方で、強引に買わされるトラブルも増えています。そのために消費者を守るしくみがあるのです。

| 解説編 |

わたしたちの消費のしくみって？

お金を払ってものやサービスを受け取ることができるのは、どのようなしくみなのでしょう。

経済活動って何？

食べものや衣類など、わたしたちが買う**形のある商品を「財」**といいます。また、乗りものに乗ったり、施設を利用したりするなどの、**形のない商品を「サービス」**といいます。
財とサービスを消費する（買ったり利用したりする）ことで、私たちの生活は、豊かで便利になっています。このしくみを**経済活動**といいます。

みなさんも、電車やバスに乗ったり、習いごとをしたりして、サービスを受けていますね。

支払い方にはどんなものがあるの？

★1 くわしく

お金の支払い方には、さまざまな方法があります。現金で払う以外に、たとえば**電子マネー、クレジットカード**などです。

クレジットカードは、現金がなくても商品が手に入りますが、後でお金を支払うことになるため、計画的に使う必要があります。

> **MEMO** オンラインショッピング
> インターネットを利用して買いものをすること。パソコンの普及により、2015年の調べでは、1世帯で一年間に平均40万円以上が使われています。

消費のしくみ

▲生産者と消費者は、お金のやり取りでつながっている。

クレジットカード

利用すると、カード会社が、一時的に代金をたてかえてくれて、買い物ができる。

電子マネー

駅や店での支払いを、専用のカード読み取り機を通して行う。

ギフトカード

買い物、食事、宿泊などに使える商品券。贈り物（ギフト）によく用いられる。

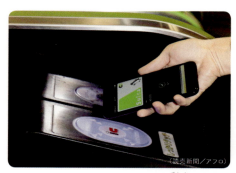
▲スマートフォンがクレジットカードや電子マネーの役割を果たすしくみが登場している。

くわしく ▶ 消費者主権：広告や宣伝にふり回されることなく、消費者が自分の判断と意思で、適切な商品を選んで購入すること。

安全な消費生活を送るには？

わたしたち消費者を守るために、どんな制度や注意点があるのでしょう。

消費者を守る法律や制度って？

消費者は、自身の目で十分に商品を確認できずに、売り手の情報や広告にたよって商品を買う場合が少なくありません。そのため、==買いものに失敗して被害を受ける「消費者問題」==がしばしば起こります。そこで、消費者の権利を守るための法律や制度がつくられています。

消費者契約法

売り方が強引だったり、消費者に不利益をあたえる契約内容だったりした場合、購入や契約を取り消すことができる。

PL法（製造物責任法）

製品の不備で消費者がけがをするなどの被害を受けたとき、製品をつくった企業に、その消費者への救済（賠償）を義務づけている。

クーリングオフ

「頭を冷やして考え直す」という意味。商品を購入した後、一定期間内であれば、その購入や契約を取り消すことができる。

消費者はどんなことに気をつければいいの？ ヒント2

強引な売り方や、消費者の知識が足りないことを利用した売り方をする人がいることを知り、だまされないように心がける必要があります。

本当に必要な商品かどうかを判断できるように知識を持ち、自分の目で確認してから買うと安心です。

悪質商法

キャッチセールス
「アンケートに答えてください」と声をかけ、商品を売りつける商法。

アポイントメント商法
「当選したので来てほしい」などと相手を呼び出し、商品を売りつける商法。

くわしく▶ 消費者庁：2009年にできた新しい国の役所。悪質商法などによるトラブルの相談にのる電話窓口がある。

さくいん

あ
- アポイントメント商法 … 45
- 育児・介護休業法 … 21
- 医療保険 … 14
- 大きな政府と小さな政府 … 30
- オンラインショッピング … 44

か
- 外国人労働者 … 37
- 介護サービス … 14
- 介護保険 … 14
- 介護保険制度 … 21
- 間接税 … 28
- 逆進性 … 29
- キャッチセールス … 45
- クーリングオフ … 45
- クレジットカード … 44
- 経済活動 … 44
- 後期高齢者医療制度 … 21
- 公衆衛生 … 13
- 公的扶助 … 13
- 国税 … 28
- 雇用形態 … 37
- 雇用保険 … 14

さ
- サービス … 44
- 財 … 44
- 社会福祉 … 13
- 社会保険 … 13, 14
- 社会保障費 … 21
- 社会保障法 … 12
- 少子高齢社会 … 20
- 消費 … 44
- 消費者契約法 … 45
- 消費者庁 … 45
- 消費者問題 … 45
- 消費税 … 28, 30
- 所得 … 30
- 所得税 … 29, 30

た
- 生活保護法 … 13
- 製造物責任法 … 45
- 生存権 … 12
- 税率 … 29, 30
- 待機児童問題 … 22
- 地方税 … 28
- 超高齢社会 … 22
- 直接税 … 28
- 電子マネー … 44

な
- 日本国憲法第22条 … 36
- 日本国憲法第25条 … 12
- 日本国憲法第27条 … 36
- 年金保険 … 14
- ノーマライゼーション … 22

は
- バリアフリー … 22
- PL法 … 45
- 非正規社員 … 37
- 平均寿命 … 20

や
- ゆりかごから墓場まで … 12

ら
- 累進課税制度 … 29
- 労災保険 … 14
- 労働関係調整法 … 36
- 労働基準法 … 36
- 労働組合法 … 36
- 労働三法 … 36

教科書対応表（中学）

この表は、本書で扱っている内容が、
あなたの教科書の主にどのページにのっているのかを示しています。
もっと学びたいと思うテーマに出会ったら、教科書を読んで学びを深めましょう。

巻	本書のページ	章のテーマ	教科書対応のページ					
			東京書籍	帝国書院	教育出版	日本文教出版	清水書院	育鵬社
1	7	日本国憲法	38	36	38	38	30	49
1	15	基本的人権	44	42	42	44	34	54
1	23	グローバル社会	49	46	49	53	43	68
1	31	新しい人権	60	52	56	58	54	76
1	39	性の多様性	—	—	—	—	—	—
2	7	選挙	76	68	76	78	64	90
2	15	投票	77	68	77	78	64	90
2	23	選挙の課題	78	69	77	79	65	91
2	31	民主政治	74	60	74	77	60	86
2	39	メディアリテラシー	82	62	80	82	62	92
3	7	政党	80	66	78	80	66	88
3	15	国会と国会議員	84	70	82	96	74	96
3	23	国会の仕事	86	72	83	98	72	98
3	31	内閣	88	74	88	100	76	100
3	39	地方自治	102	88	106	86	86	112
4	7	裁判所	92	78	94	106	80	104
4	15	三審制	93	79	98	106	82	106
4	23	刑事裁判・民事裁判	94	78	94	108	80	106
4	31	裁判員制度	96	81	100	110	81	108
4	39	三権分立	100	84	104	114	70	96
5	7	社会保障制度	150	156	160	164	140	162
5	15	少子高齢化	152	157	162	166	141	164
5	23	税金	146	148	146	160	134	158
5	31	非正規雇用	134	130	157	145	144	142
5	39	消費者の権利	122	116	122	124	150	130

NDC 310

12歳からの政治

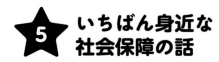
⑤ いちばん身近な社会保障の話

学研プラス　2017　48P　28.6cm
ISBN978-4-05-501233-1　C8331

池上彰さんと学ぶ 12歳からの政治
⑤　いちばん身近な社会保障の話

2017年2月28日　第1刷発行
2020年7月29日　第5刷発行

監修	池上 彰
発行人	土屋 徹
編集人	代田雪絵
編集担当	小野優美
発行所	株式会社学研プラス
	〒141-8415　東京都品川区西五反田2-11-8
印刷所	大日本印刷株式会社、トッパンコンテナー株式会社

ブックデザイン	TRUNK（笹目亮太郎、助川智美）
マンガ・イラスト	伊藤ハムスター、たむらかずみ
図版	木村図芸社
原稿執筆	伊藤 睦、入澤宣幸
DTP	株式会社四国写研
編集協力	株式会社スリーシーズン（藤門杏子）
撮影	布川航太
写真協力	アフロ

● この本に関する各種お問い合わせ先
本の内容については、下記サイトのお問い合わせフォームよりお願いします。
https://gakken-plus.co.jp/contact/
在庫については　Tel 03-6431-1198（販売部直通）
不良品（落丁、乱丁）については　Tel 0570-000577
　学研業務センター　〒354-0045 埼玉県入間郡三芳町上富279-1
上記以外のお問い合わせは Tel 0570-056-710（学研グループ総合案内）

©Gakken
本書の無断転載、複製、複写（コピー）、翻訳を禁じます。
本書を代行業者などの第三者に依頼してスキャンやデジタル化することは、たとえ個人や家庭内の利用であっても、著作権法上、認められておりません。

学研の書籍・雑誌についての新刊情報・詳細情報は、下記をご覧ください。
学研出版サイト　https://hon.gakken.jp/

12歳からの政治
〈全5巻〉

① いちばん身近な憲法・人権の話
② いちばん身近な選挙の話
③ いちばん身近な国会・内閣の話
④ いちばん身近な裁判の話
 いちばん身近な社会保障の話